DIE DAVE ELMAN INDUKTION

EIN BAND DER REIHE: HYPNOSE LERNEN!

INKE JOCHIMS

2. Auflage 2024

© 2024 by Inke Jochims

Autorin: Inke Jochims, www.inke-jochims.de, jochims-buecher.de

Satz: Inke Jochims, mit Atticus

Verlag:

BoD · Books on Demand GmbH, In de Tarpen 42, 22848 Norderstedt, bod@bod.de

Druck: Libri Plureos GmbH, Friedensallee 273, 22763 Hamburg

ISBN: 978-3-7693-1069-6

Alle Rechte vorbehalten. Das Werk einschließlich aller seiner Teile ist urheberrechtlich geschützt. Jede Verwendung außerhalb der engen Grenzen des Urheberrechtsgesetzes ist ohne Zustimmung des Verlages unzulässig und strafbar. Das gilt insbesondere für Vervielfältigung, Übersetzungen, Mikroverfilmungen und die Einspeicherung und Verarbeitung in elektronischen Systemen.

BILDNACHWEIS

Alle Fotos sind von der Webseite www.pixabay.com. Die jeweiligen Autoren haben Sie kostenfrei zur kommerziellen Nutzung freigegeben. Wir bedanken uns herzlich! Die Folien wurden ohne Ausnahme von Inke Jochims erstellt.

DISCLAIMER

In diesem Buch werden psychologische Ratschläge gegeben. Alle Ideen, Konzepte und Verfahren wurden sorgfältig geprüft. Dennoch weisen wir ausdrücklich darauf hin, dass dieses Buch keine medizinische oder psychologische Therapie ersetzt und dies auch nicht beabsichtigt. Die Umsetzung der Ideen aus diesem Buch erfolgt auf eigene Verantwortung.

Inhaltsverzeichnis

Für Joachim

EINFÜHRUNG

Die Elman-Induktion ist eine der bekanntesten Methoden der Hypnoseeinleitung und wurde von dem amerikanischen Hypnoselehrer und Radiomoderator Dave Elman entwickelt. Sie zeichnet sich durch ihre besondere Effektivität aus. Mit Hilfe der Elman-Induktion gelingt es, Menschen schnell und tief in einen hypnotischen Zustand zu versetzen.

Dave Elman hat alle möglichen Hypnoseinduktionen entwickelt, aber die in diesem Buch vorgestellte ist die bekannteste. Wenn also von der Elman-Induktion die Rede ist, dann ist höchstwahrscheinlich die hier vorgestellte Induktion gemeint.

In diesem Buch werde ich eine Anleitung zur typischen Hypnoseinduktion geben und sie so dekonstruieren, dass sie für jeden, der sie anwenden möchte, verständlich wird. Das gilt insbesondere im

Hinblick auf die Frage, welche Elemente diese Induktion so effektiv machen.

Im Gegensatz zu anderen Darstellungen verwende ich hier die Polyvagaltheorie als Analyseinstrument. Denn ich bin der Meinung, dass die Induktion von Dave Elman deshalb so erfolgreich ist, weil Elman sein Vorgehen intuitiv optimal an die Funktionsweise des menschlichen Nervensystems angepasst hat.

Ich selbst habe die Elman-Induktion während meiner Ausbildung zur Hypnotherapeutin gelernt. Heute arbeite ich hauptsächlich mit Online-Kursen und vorgefertigten Hypnose-Aufnahmen, und auch hier ist die Elman-Induktion gut einsetzbar - sowohl die komplette Induktion als auch einzelne Elemente.

$$\bullet \; \bullet \; \bullet \; \bullet \; \bullet \; \bullet \; \bullet \; \bullet \; \bullet \; \bullet$$

Wer war Dave Elman?

Dave Elman (geboren als David Kopelman am 6. Mai 1900, gestorben am 5. Dezember 1967) war ein US-amerikanischer Hypnotiseur, Radiomoderator und Autor, der vor allem durch seine Arbeiten auf dem Gebiet der Hypnose und Hypnotherapie bekannt wurde. Er gilt als einer der bedeutendsten Hypnotiseure des 20. Jahrhunderts, insbesondere wegen seiner schnellen und effektiven Hypnosemethoden, die in der klinischen Hypnose weite Verbreitung fanden. Insbesondere seine Methode der schnellen Hypnoseeinleitung, bekannt als "Elman Induction", hat bis heute großen Einfluss auf Hypnotherapeuten weltweit und wird immer noch erfolgreich angewendet.

Dave Elman wurde, wie gesagt, am 6. Mai 1900 als David Kopelman in einer jüdischen Familie in North Dakota (USA) geboren. Schon früh kam er mit Hypnose in Berührung, als sein krebskranker Vater durch Hypnose von seinen Schmerzen befreit wurde. Dieses Erlebnis hinterließ einen tiefen Eindruck und weckte in Elman ein lebenslanges Interesse an der Hypnose.

Trotz seiner Faszination für die Hypnose startete Elman zunächst eine erfolgreiche Karriere in der Unterhaltungsbranche. Er arbeitete als "Komiker, Musiker und Radiomoderator" und moderierte beliebte Radiosendungen wie "Hobby Lobby", in der er die Hobbys prominenter Gäste vorstellte.

In den 1940er Jahren verlagerte sich Elmans beruflicher Schwerpunkt zunehmend auf die Hypnose. Er entwickelte innovative Methoden, um die Hypnose schneller und effektiver zu machen, im Gegensatz zu den langwierigen und oft unsicheren Hypnosetechniken seiner Zeit. Sein Ziel war es, die Hypnose für medizinische Anwendungen zugänglicher zu machen.

$$\bullet \cdot \bullet \cdot \bullet \bullet \cdot \bullet \cdot \bullet \cdot \bullet$$

Obwohl Elman keine formale medizinische Ausbildung hatte, unterrichtete er Ärzte, Zahnärzte und Psychotherapeuten in seinen Techniken. Seine Kurse gewannen an Popularität, weil er zeigte, wie man Patienten innerhalb weniger Minuten in tiefe Trancezustände versetzen konnte - eine Fähigkeit, die besonders in der Schmerztherapie und bei der Behandlung von Angststörungen wertvoll war.

• • • ● • ● • ● • • •

Die Art der Hypnose

Die Elman-Induktion gehört zur direktiven Hypnose. Hier noch einmal die wichtigsten Unterschiede zwischen direktiver und nicht-direktiver Hypnose.

Der Unterschied zwischen "direktiver" und "nicht-direktiver" Hypnose besteht hauptsächlich in der Art und Weise, wie der Hypnotiseur mit dem Klienten kommuniziert und welche Art von Anweisungen oder Suggestionen gegeben werden.

• • • ● • ● • • •

Direktive Hypnose

Bei der "direktiven Hypnose" gibt der Hypnotiseur klare, präzise und eindeutige Anweisungen oder Vorschläge, die der Klient befolgen soll. Diese Art der Hypnose ist lenkend und zielorientiert. Der Hypnotiseur lenkt den Prozess aktiv und übernimmt die Kontrolle, indem er dem Klienten spezifische Anweisungen für Veränderungs- oder Heilungsprozesse gibt.

- Der Hypnotiseur gibt direkte und konkrete Anweisungen, z. B. "Schließe die Augen und atme tief ein", "Du wirst Dich sofort entspannen" oder "Du wirst das Verlangen nach Zigaretten loswerden".

- Der Klient wird aktiv durch die Hypnose geführt und erhält konkrete Suggestionen, die eine Veränderung von Gedanken, Verhalten oder Gefühlen bewirken sollen.

- Die Hypnose ist strukturiert und zielgerichtet, mit einem klaren Fokus auf das zu erreichende Ergebnis.

Diese Form der Hypnose ist besonders effektiv, wenn klare, spezifische Veränderungen oder Ziele erreicht werden sollen (z.B. Raucherentwöhnung, Schmerzbewältigung).

Der Hypnotiseur hat faktisch die Kontrolle über den Prozess und kann gezielte Vorschläge machen. Ein Beispiel: In der therapeutischen Hypnose könnte der Hypnotiseur dem Klienten direkt sagen: "Du wirst Dich jetzt völlig entspannen und alle Anspannung loslassen".

Da die Beziehung zwischen dem Subjekt und dem Hypnotiseur direktiv ist, muss dieses Vorgehen mit dem Subjekt abgesprochen werden; nicht alle Subjekte sind mit direktiver Hypnose einverstanden.

Ist das Subjekt jedoch einverstanden, kann diese Form der Hypnose sehr tiefe Trancezustände erreichen, da sie ein hohes Maß an Sicherheit bietet.

· • ● • ● • ● • ● • ·

Nicht-direktive Hypnose

Die "nicht-direktive Hypnose" (auch permissive oder indirekte Hypnose genannt) ist weniger konfrontativ und konzentriert sich darauf, den Klienten durch offene, sanfte, indirekte Suggestionen oder Fragen zu führen. Diese Art der Hypnose wurde vor allem von Milton H. Erickson[1] entwickelt.

Der Hypnotiseur gibt weniger spezifische Anweisungen und lässt dem Klienten mehr Raum, seine eigenen Erfahrungen zu machen und Veränderungen auf einer tieferen Ebene zu erleben.

Der Hypnotiseur macht eher vage oder indirekte Suggestionen, wie z.B. "Vielleicht merkst du, dass es leichter wird, sich zu entspannen" oder "Es ist möglich, dass Du Dich bald besser fühlst".

Ein weiteres Beispiel: Der Hypnotiseur könnte in einer Sitzung sagen: "Vielleicht stellst Du Dir vor, wie es wäre, in Zukunft weniger Stress zu haben, ohne etwas dafür tun zu müssen".

Durch die nicht-direktive, indirekte Form der Hypnose hat der Klient mehr Freiheit, auf die Hypnose zu reagieren, und wird nicht in eine bestimmte Richtung gedrängt. Diese Art der Hypnose zielt darauf ab, das Unterbewusstsein des Klienten auf subtile Weise zu erreichen, ohne dass sich der Klient kontrolliert oder gedrängt *fühlt*.

Diese Form der Hypnose ist besonders nützlich für Klienten, die weniger empfänglich für direkte Vorschläge sind oder eine selbst bestimmte Veränderung bevorzugen. Sie lässt dem Klienten mehr Raum für eigene Entdeckungen und innere Prozesse.

Die wichtigsten Unterschiede zwischen direktiver und nicht-direktiver Hypnose:

- Direktive Hypnose ist strukturierter, kontrollierter und führt den Klienten aktiv durch die Sitzung, indem konkrete Vorschläge gemacht werden. Sie ist besonders wirksam für schnelle, spezifische Veränderungen. Für manche Subjekte bietet sie den Vorteil einer sehr sicheren Bindung.

- Die nicht-direktive Hypnose ist weniger direkt, mit einem sanften, offenen Ansatz, der dem Klienten mehr Freiheit lässt und ihm hilft, seine eigenen Lösungen zu finden. Sie fördert eine individuellere und oft tiefere Erfahrung, an der der Klient stärker beteiligt ist.

Beide Techniken haben ihre Vor- und Nachteile, und je nach Klient und Zielsetzung kann die eine oder andere Methode geeigneter sein.

• • • • ● • ● • • • •

*Abbildung 01: Trance kommt auf
verschiedenem Wege zustande.*

1. Milton H. Erickson lebte von 1901 bis 1980. Er wurde am 5. Dezember 1901 in Aurum, Nevada geboren und starb am 25. März 1980 in Phoenix, Arizona. Erickson war ein US-amerikanischer Psychiater und Psychotherapeut, der vor allem durch seine Arbeit mit Hypnose und die Entwicklung der modernen Hypnotherapie bekannt wurde. Erickson entwickelte einen speziellen hypnotherapeutischen Ansatz, der als "Ericksonian Hypnotherapy" bekannt wurde. Er setzte vor allem auf indirekte Suggestionen und Metaphern, um das Unterbewusstsein des Patienten anzusprechen und Veränderungen zu fördern. Seine Arbeit hat die Psychotherapie und Hypnotherapie stark beeinflusst und gilt bis heute als wegweisend für lösungsorientierte Ansätze in Psychologie und Psychotherapie.

ELEMENTE DER ELMAN INDUKTION

Die wichtigsten strukturellen Elemente der Dave Elman Induktion sind:

- Yes-Set

- Fraktionierung

- Compliance-Set

- Zahlen-Block

Das Yes-Set

Ein "Yes-Set" ist eine psychologische und kommunikative Technik, die darauf abzielt, eine Person schrittweise dazu zu bringen, einer Sache, einer Idee, einem Kauf usw. zuzustimmen. Diese Methode wird häufig in Verkaufs-, Verhandlungs- oder Überzeugungsgesprächen eingesetzt, um den Gesprächspartner positiv zu beeinflussen und in eine zustimmende Haltung zu bringen.

• • • • • • • • • • •

Funktionsweise des Yes-Sets

Das Prinzip des Yes-Sets besteht darin, eine Reihe von Fragen zu stellen, die der Befragte höchstwahrscheinlich mit "Ja" beantworten wird. Diese Fragen sind zunächst sehr einfach und einleuchtend, so dass die Zustimmung fast automatisch erfolgt. Durch wiederholtes "Ja" entsteht eine Zustimmungstendenz, die es dem Befragten später leichter macht, auch komplexeren oder wichtigeren Fragen zuzustimmen, z.B. auch Ideen, die er früher vielleicht abgelehnt hätte.

• • • • • • • • • •

Ein Verkäufer könnte zum Beispiel folgende Fragen stellen:

1. "Suchen Sie ein Produkt, das Ihren Alltag erleichtert?" - Hohe Wahrscheinlichkeit für ein "Ja".

2. "Möchten Sie etwas, das einfach zu bedienen ist?" - ebenfalls ein wahrscheinliches "Ja".

3. "Wäre es hilfreich, wenn das Produkt Ihnen auch Zeit sparen würde?" - wieder ein wahrscheinliches "Ja".

Nach mehrmaliger Bejahung steigt die Wahrscheinlichkeit, dass der Kunde auch auf die abschließende Frage, z.B. ob er das Produkt kaufen möchte, mit "Ja" antwortet.

Psychologische Grundlagen des Yes-Sets

Das Yes-Set basiert auf den Prinzipien der Konsistenz und des Primings. Menschen neigen dazu, konsistent zu handeln und eine einmal eingeschlagene Richtung beizubehalten. Wenn jemand mehrmals hintereinander "Ja" gesagt hat, fühlt er sich psychologisch verpflichtet, diese Linie der Zustimmung fortzusetzen.

Fraktionierung

In der Hypnose bezeichnet "Fraktionierung" eine Technik, bei der der Hypnotiseur den Klienten wiederholt in einen hypnotischen Zustand hinein- und wieder herausführt. Dieser Wechsel zwischen normalem Bewusstsein und Trancebewusstsein intensiviert die Trance mit jeder Wiederholung und erleichtert es dem Klienten, in einen tieferen hypnotischen Zustand zu gelangen.

So funktioniert die Fraktionierung in der Hypnose:

- Einleitung der Trance: Der Hypnotiseur versetzt den Klienten zunächst in einen leichten Trancezustand.

- Rückholung in den Wachzustand: Nach einem kurzen Moment der Trance führt der Hypnotiseur den Klienten in einen bewussten Wachzustand zurück.

- Wiederholte Trance-Induktion: Dieser Zyklus wird wiederholt. Mit jeder Ein- und Ausleitung vertieft sich der hypnotische Zustand, wodurch die Trance tiefer und stabiler wird.

• • • • ● • ● • • •

Ziele und Vorteile des Fraktionierens

Die Fraktionierung hat mehrere Hauptziele:

- Vertiefung der Trance: Mit jeder Wiederholung wird der hypnotische Zustand tiefer und stabiler, so dass der Klient leichter und schneller in eine tiefe Trance gelangt.

- Vertrauen und Behaglichkeit: Der Wechsel zwischen Wach- und Trancezustand zeigt dem Klienten, dass er diesen Prozess leicht kontrollieren kann. Das schafft Vertrauen und baut eventuelle Ängste vor der Hypnose ab.

- Wirksamere Suggestionen: Ein tieferer hypnotischer Zustand ermöglicht es dem Hypnotiseur, Suggestionen gezielter zu setzen, die sich dadurch nachhaltiger im Unterbewusstsein verankern.

Die Fraktionierung hat sich vor allem in der therapeutischen Hypnose bewährt, wenn eine tiefe Trance erforderlich ist, beispielsweise in der Behandlung von Angstzuständen.

· • · ● · ● · ● · ·

Das Compliance-Set

Das "Compliance-Set" ist eine Technik, die dazu dient, die Kooperation und Zustimmung des Klienten zu fördern, so dass er dem Hypnotiseur mit wachsender Bereitschaft folgt. Diese Technik wird häufig zu Beginn einer Sitzung oder während der Einleitung der Trance eingesetzt.

Dabei stellt der Hypnotiseur eine Reihe einfacher Fragen oder gibt Anweisungen, die der Klient leicht mit "Ja" beantworten oder durch kleine zustimmende Handlungen ausführen kann. Durch diese wiederholte, leichte Zustimmung wird der Klient in eine kooperative Haltung gebracht und gewinnt Vertrauen in den Hypnotiseur und den Prozess selbst.

Beispiel für ein Compliance-Set in der Hypnose

Zu Beginn könnte der Hypnotiseur folgende Fragen stellen:

1. "Fühlen Sie sich heute entspannt?" - Der Klient antwortet in der Regel mit "Ja".
2. "Sind Sie bereit, sich zu entspannen und neue Erfahrungen zu machen?" - Auch diese Frage wird häufig bejaht.

3. "Haben Sie Vertrauen in den Prozess?" - Wieder ein "Ja", welches die Zusammenarbeit stärkt.

Diese einfachen, bestätigenden Fragen erzeugen eine positive, zustimmende Haltung und bereiten den Klienten auf tiefer gehende Suggestionen und therapeutische Interventionen vor.

• • • ● ● • ● ● ● • •

Psychologische Grundlagen und Anwendungsmöglichkeiten

Sowohl die Fraktionierung als auch das Compliance-Set nutzen grundlegende psychologische Prinzipien. Die Fraktionierung vertieft den hypnotischen Zustand durch Konsistenz, so dass der Klient sich psychologisch motiviert fühlt, sich immer weiter zu entspannen.

Das Compliance-Set nutzt die Prinzipien der Konsistenz und des Commitments: Nachdem der Klient einfache Aufforderungen bejaht hat, neigt er dazu, auch komplexere Anweisungen zu bejahen, um mit seinen bisherigen Entscheidungen im Einklang zu bleiben.

• • • ● ● • ● ● ● • •

Der Zahlen-Block

Die hypnotische Technik des "Zahlenblocks" ist eine Methode, die in der Hypnose und Selbsthypnose eingesetzt wird, um den Geist zu beruhigen, zu fokussieren und in einen Zustand tiefer Entspannung oder Trance zu versetzen.

Sie basiert auf der Verwendung von Zahlen, die in einer bestimmten Reihenfolge entweder laut oder im Geiste wiederholt werden, um das Bewusstsein auf eine einfache, sich wiederholende Aufgabe zu konzentrieren und gleichzeitig ablenkende Gedanken zu minimieren.

· · · ● · ● · ● · ● · · ·

Wie funktioniert der Zahlenblock?

Die Technik funktioniert folgendermaßen:

- Wiederholtes Zählen: Der Hypnotiseur oder die Person selbst beginnt, eine bestimmte Zahlenreihe zu zählen - zum Beispiel von 10 rückwärts bis 1 oder in größeren Zahlenintervallen wie 100, 90, 80 usw.

· · · ● · ● · ● · ● · · ·

- Suggestionen einbauen: Während des Zählens können beruhigende Suggestionen eingebaut werden, z.B. "Mit jeder Zahl wirst Du entspannter und ruhiger" oder "Mit jeder Zahl sinkst Du tiefer in die Entspannung".

- Unterbrechen des Zählens: Ein zentraler Punkt der Technik ist das Einfügen von "Blockaden" in den Zählvorgang, d.h. nach einer bestimmten Zahl wird abgebrochen und dem Unterbewusstsein signalisiert, sich auf die Trance zu konzentrieren. Zum Beispiel könnte man bei 3 oder 1 aufhören, ohne weiter zu zählen.

- Verstärkung der Trance: Durch diese Unterbrechungen und das langsame Zählen wird das Unterbewusstsein in einen Zustand tiefer Entspannung oder Trance versetzt, in dem Suggestionen besser aufgenommen werden können.

· • ● ● ● • ● ● ● • ·

Ziele und Anwendungen

Der Zahlen-Block dient dazu, den Geist in eine Art Monotonie und Wiederholungsmuster zu versetzen, was oft als effektiv empfunden wird, um das Bewusstsein von äußeren Reizen abzulenken. Insbesondere für Menschen, die Schwierigkeiten haben, sich auf Entspannung oder Hypnose einzulassen, kann diese Technik hilfreich sein, um den Zugang zur Trance zu erleichtern.

• • • ● ● • ● ● • ● • •

Vorteile des Zahlenblocks

- Einfachheit: Die Methode ist einfach und kann sowohl von einem Hypnotiseur als auch in der Selbsthypnose angewendet werden.

- Fokussierung: Durch das Zählen werden andere Gedanken in den Hintergrund gedrängt, so dass ein ruhiger, konzentrierter Zustand entsteht.

• • • ● ● • ● ● • •

- Vielseitigkeit: Die Technik kann individuell angepasst werden, indem verschiedene Zählintervalle oder Unterbrechungen gewählt werden.

- Alphabet: Anstelle von Zahlen kann auch das Alphabet verwendet werden, entweder von A nach "unten" gesprochen oder von Z nach "oben" gezählt.

Der Zahlen-Block ist somit eine effektive hypnotische Technik, um eine tiefere Entspannung und Konzentration zu fördern und dient oft als Grundlage für tiefere hypnotische Suggestionen.

• • • ● • ● • • •

EIN LIVE-BEISPIEL

Dies ist ein Live-Beispiel für die Induktion einer Trance. Die Kundin nenne ich "Martha". Therapeut und Klient sitzen sich gegenüber, beide sitzen auf einem bequemen Stuhl.

• • • ● ● • ● ● • • •

Die körperliche Entspannung

Das Yes-Set

Induktion: Martha, bis Du bereit? Martha, kannst Du Dir vorstellen, eine Faust zu machen, die so fest ist, dass es Dir unmöglich ist, sie noch fester zu machen?

Antwort: Sicher.

Induktion: Natürlich kannst Du das. Kannst Du Dir auch das Gegenteil vorstellen? Die Hand so locker zu machen, dass Du sie nicht noch weiter lockern kannst?

Antwort: Sicher, ja.

Induktion: Das ist die Art von Entspannung, die Du in dieser Trance erreichen wirst.

$$\bullet \; \cdot \; \bullet \; \cdot \; \bullet \; \cdot \; \bullet \; \cdot \; \bullet \; \cdot \; \bullet$$

Compliance-Set

In einem Moment werde ich Dich nun bitten, dass Du die winzigen Muskeln um Deine Augen herum so weit entspannst, dass sie, solange Du diese Entspannung aufrechterhältst, einfach nicht mehr funktionieren.

Du wirst es ausprobieren.

Induktion: Der Hypnotiseur fährt mit den Fingern um die eigenen Augen, schließt die Augen und hebt und senkt die Augenbrauen. Er oder sie demonstriert damit, was das Subjekt, hier Martha, tun soll.

Nun, mache dies jetzt: Entspanne also jetzt die winzigen Muskeln um Deine Augen und versuche sie nur zu öffnen, wenn Du weißt, dass es unmöglich ist. Bewege einfach Deine Augenbrauen auf und ab, um

Deine Augen geschlossen zu halten. Halte diese Entspannung, das ist sehr gut. Teste diese Entspannung genau, teste sie sehr sorgfältig.

Induktion: Natürlich kannst Du jederzeit die Kontrolle übernehmen und die Augen öffnen, aber das machst Du jeden Tag. Ich möchte, dass Du die Kontrolle übernimmst und die Augen nicht öffnest. Also tu es.

Du wirst nur dann versuchen, Deine Augen zu öffnen, wenn Du weißt, dass es unmöglich ist.

Aber bewege Deine Augenbrauen auf und ab, so dass Deine Augen ruhig bleiben. Halte diese Entspannung.

Martha tut es.

Induktion: Okay, hör auf die Entspannung zu testen und lass eine große Welle der Entspannung von deinem Kopf bis zu Deinen Fußsohlen fließen.

Antwort: Ja.

Fraktionierung

Sehr gut. In einem Moment werde ich Dich bitten, die Augen zu öffnen und auf meine Hand zu schauen. Ich werde sie vor Dein Gesicht führen. Sie wird ganz nah sein. Und während ich meine Hand vor Dir nach oben und nach unten bewege, erlaubst Du Deinen Augen, sich zu schließen und Deine Entspannung zu verdoppeln.

Jedes mal wenn ich Dich bitten werde, die Augen zu öffnen und zu schließen, wirst Du es tun und verdopple jedes mal Deine Entspannung.

Die Induktion führt die Hand ganz dicht vor den geöffneten Augen nach unten, wenn gesagt wird: schließe Deine Augen, und sie führt sie direkt vor den Augen nach oben, wenn gesagt wird: öffne Deine Augen. Die Augen bleiben nicht länger als eine Sekunde offen und das Subjekt verdoppelt jedes mal die Entspannung.

Du möchtest, dass es geschieht. Du willst, dass es geschieht. Und folglich wird es geschehen.

Erste Fraktionierung: Öffne nun Deine Augen.

Induktion führt die Hand vor dem Gesicht von Martha von unten nach oben, dann von oben nach unten. Martha öffnet die Augen und schließt sie wieder.

Induktion: Schließe die Augen. Und vertiefe diese Entspannung, indem Du sie verdoppelst. Doppelt so tief.

Du möchtest, dass es geschieht. Du willst, dass es geschieht. Und folglich wird es geschehen.

Zweite Fraktionierung: Öffne nun Deine Augen.

Genau so. Und noch einmal, Augen auf und Augen zu.

Induktion führt noch einmal die Hand vor den Augen des Subjekts auf und ab, Martha öffnet die Augen und schließt sie wieder.

Die Entspannung wird doppelt so tief.

Du möchtest, dass es passiert. Mach es möglich. Du möchtest, dass es geschieht und es wird geschehen.

Dritte Fraktionierung: Öffne nun Deine Augen.

Induktion führt noch einmal die Hand vor den Augen des Subjekts auf und ab, Martha öffnet die Augen und schließt sie wieder.

Und es wird geschehen. Mit offenen und geschlossenen Augen. Noch einmal verdoppeln.

Genau so. Verdopple die Entspannung. Lasse noch einmal die Entspannung vom Kopf bis zu den Füßen fließen. Von Kopf bis Fuß.

Vierte Fraktionierung: Augen öffnen und schließen.

Induktion führt noch einmal die Hand vor den Augen des Subjekts auf und ab, Martha öffnet die Augen und schließt sie wieder.

Noch einmal verdoppeln. Mach es wahr. Du hast die Kontrolle, nicht ich (als derjenige, der die Induktion macht).

Induktion führt noch einmal die Hand vor den Augen des Subjekts auf und ab,

Fünfte Fraktionierung: Augen öffnen und schließen. Noch einmal verdoppeln. Jedes Mal tiefer und tiefer.

Induktion führt noch einmal die Hand vor den Augen des Subjekts auf und ab, Martha öffnet die Augen und schließt sie wieder.

Doppelt so tief. Mache die Entspannung doppelt so tief.

Sechste Fraktionierung: Noch einmal, Augen auf, Augen zu. Noch einmal verdoppeln. Jedes mal tiefer und tiefer.

Induktion führt ein letztes mal die Hand vor den Augen des Subjekts auf und ab,

Compliance-Set

Und während ich weiter fortfahre, während Du diese Entspannung weiter genießt und von Moment zu Moment tiefer und tiefer gehst, werde ich in einem Moment Deine Entspannung testen.

In einem Moment werde ich Deine Hand nur am Daumen ein paar Zentimeter anheben und sie dann gleich wieder fallen lassen. Hilf mir dabei nicht. Trage nichts dazu bei, dass die Hand sich hebt, lass alles mich machen. Heb sie nicht an. Überlass das mir. Und wenn sie fällt, lass sie einfach fallen wie ein nasses Geschirrtuch.

Die Induktion nimmt die Hand, die am besten zu greifen ist. Es spielt keine Rolle, ob es die rechte oder die linke Hand ist.

So, jetzt geht's los. Ich nehme sie jetzt am Daumen. Und tief durchatmen, entspannen.

Induktion nimmt die Hand am Daumen, hebt sie an und sie fällt.

Sehr gut. Du bist ein ausgezeichnetes Hypnose-Subjekt, Martha.

Induktion: Das ist die körperliche Entspannung.

Fällt die Hand nicht automatisch, ist das Subjekt noch nicht tief genug in Trance. In diesem Fall wird die Fraktionierung (Augen öffnen und schließen) wiederholt, bis eine ausreichende Trancetiefe erreicht ist.

$$\cdot \; \cdot \; \bullet \; \bullet \; \cdot \; \bullet \; \bullet \; \bullet \; \cdot \; \cdot$$

Die mentale Entspannung

Compliance-Set

Induktion: Du bist jetzt in einem entspannten körperlichen Zustand. Aber es gibt noch eine wesentlich intensivere Form der Entspannung und das ist die mentale Entspannung.

In einem Moment werde ich Dich bitten laut rückwärts zu zählen, von 100 rückwärts zu zählen, etwa so. Du sagst 100, tief entspannt.

Und dann sagst Du 99, noch tiefer entspannt.

Dann 98, noch tiefer entspannt.

Antwort: Ja.

Induktion: Und jedes Mal, wenn Du eine Zahl zählst, kannst Du Dich mental so weit entspannen, dass Du nach ein paar Zahlen keine Zahlen mehr hast, die Du sagen kannst. Du hast sie direkt aus deinem Geist heraus entspannt. Es wird keine Zahlen mehr geben, die Du noch nennen kannst.

Induktion: Fang jetzt an, von 100 laut zu zählen. 100, tiefer entspannen.

Antwort (mühevoll): 100, tiefer entspannt.

Induktion: Das ist es. Die Nummer verschwindet. Schieb die Zahlen nach außen. Schieb sie weg.

Antwort: 99, tiefer entspannt.

Induktion: Das war's. Einfach wegwischen. Lass die Zahl verschwinden.

Antwort: 98, tiefer entspannt.

Induktion: Lass sie jetzt aus dem Kopf fallen.

Antwort: 97, tiefer entspannt.

Induktion: Das war's. Verbanne jetzt alle Zahlen. Alle weg. Wunderbar.

Und Du kannst diese Trance jetzt in vollen Zügen genießen und sich dabei absolut fantastisch fühlen.

· · · ● · ● · ● · ● · ● · · ·

Wichtig ist, die Zahlen verschwinden nicht für immer aus dem Gedächtnis, sie verschwimmen selbstverständlich nur, solange das Subjekt in Trance ist. Nach dem Zurückholen sind sämtliche Zahlen wieder verfügbar, das muss aber am Ende der Trance eingebaut werden.

· · · ● · ● · ● · ● · · ·

DIE STRUKTUR DER INDUKTION

Wie dargestellt, die Elman-Induktion besteht aus zwei Teilen. Diese beiden Teile werden nacheinander durchgeführt.

- Der erste Teil ist die physische Entspannung.

- Der zweite Teil ist die mentale Entspannung.

Die Reihenfolge der Induktionen (physisch zuerst, mental dann) ist sehr wichtig. Die Elman-Induktion sollte insgesamt nicht verändert, korrigiert oder verbessert werden.

• • • • • • • • • • •

Die Beziehung zwischen Hypnotiseur und Subjekt ist ebenso wichtig wie die Reihenfolge der Suggestionen. Die Elman-Induktion ist, wie gezeigt, eine sehr direktive Form der Hypnose. Das Subjekt "muss" mitgehen, es darf dem Hypnotiseur nicht vorauseilen, auch wenn die Induktion schon bekannt ist, dann muss der Hypnotiseur das Subjekt zurückholen.

Das Subjekt muss genau das tun, was die Induktion vorgibt. Daher ist die Induktion in ihrer strengen Form nicht für alle Subjekte gleichermaßen geeignet, das Subjekt "muss" bereit sein, mit dem Induzierenden voll zu kooperieren. Es gibt Klienten, die eher flexiblere Anleitungen brauchen.

Das kann auf Kosten der Effizienz gehen, aber manchmal ist es wichtiger, die Zusammenarbeit zu fördern als eine Induktion "richtig" durchzuziehen.

• • • ● ● • ● ● • • •

Teil 1: Die körperliche (physische) Entspannung

Die physische Entspannung wird durch die Verwendung der drei bereits dargestellten hypnotischen Strukturen eingeleitet und zwar in der hier vorgestellten Reihenfolge:

- Ein Yes-Set

- Ein Compliance-Set

- Fraktionierungen

- Ein weiteres Compliance-Set

In einem Moment/gleich

Elman verwendet einen magischen Satz, der lautet: In einem Moment werde ich... oder auch: Gleich werde ich... Dadurch wird das Subjekt auf das, was kommt, vorbereitet und ist daher (möglicherweise) eher bereit, zu kooperieren. Diese Art der Vorbereitung ist ein wichtiges Element der Elman'schen Induktion.

Das Yes-Set

Die Anleitung zur körperlichen Entspannung beginnt mit einem sogenannten "Yes-Set" (Ja-Set). Die Anweisung lautet nicht: Tu es, das wäre kein Ja-Set, sondern es wird eine Frage gestellt:

Kannst Du Dir vorstellen, Deine Hand so fest anzuspannen, dass sie nicht mehr angespannt werden kann?

Hier wird keine Induktion gegeben, sondern eine simple Frage gestellt, auf die praktisch alle hypnotischen Subjekte mit "Ja" antworten können.

Das ist der erste Schritt eines Yes-Sets.

Dann kommt die zweite Frage:

Kannst Du Dir vorstellen, die Hand so locker zu lassen, dass sie nicht mehr losgelassen werden kann?

Auch diese Frage kann von den meisten Subjekten nur mit "Ja" beantwortet werden.

Dies ist der zweite Schritt des Yes-Sets.

Und nun sagt man: *Das ist die Art von Entspannung, die Du in dieser Trance erreichen wirst.*

Das ist der dritte und entscheidende Schritt des Yes-Sets: Der Klient sagt innerlich zu dieser Entspannung ja. Er glaubt jetzt, dass er diese Qualität der Entspannung erreichen wird. Er ist jetzt auf dem Pfad der Zustimmung.

Das Compliance-Set

Das Compliance-Set besteht darin, dass das Subjekt dazu gebracht wird, die Augen zu schließen.

Der wichtigste Satz ist: *Und Du wirst nur versuchen, die Augen zu öffnen, wenn Du weißt, dass es unmöglich ist.*

Es handelt sich um einen sogenannten Double-bind. Die Versuchsperson wartet nun entweder darauf, dass sie die Augen öffnen kann, d.h. die Augen bleiben geschlossen, oder sie weiß, dass sie die Augen nicht öffnen kann, und versucht es, d.h. die Augen bleiben geschlossen.

Der Test mit dem Heben und Senken der Augenbrauen funktioniert sehr gut. Da die Testperson hier dem Test zustimmt, ist dies ein weiterer Schritt im Compliance-Set.

Damit wird eine Katalepsie[1] der Augenlider erreicht.

Es handelt sich um ein Compliance-Set, weil das Subjekt hier eingeladen wird, die Anweisungen des Hypnotiseurs strikt zu befolgen, dies aber als eigene Verantwortung zu erleben.

Fraktionierung

Der dritte Teil der physischen Entspannung besteht in der kontinuierlichen Fraktionierung.

Bei der Elman-Induktion wird Fraktionierung erreicht, indem das Subjekt aufgefordert wird, die Augen zu öffnen und wieder zu schließen. Die Augen öffnen und schließen. Und dann jedes Mal die Entspannung zu verdoppeln.

Wichtig ist hier der Begriff "verdoppeln". Wenn man einer Person sagt: "Mach die Entspannung eine Million Mal tiefer", kann sich das Unbewusste das überhaupt nicht vorstellen und fängt an zu rebellieren. Aber verdoppeln ist möglich, das können sich die meisten Menschen vorstellen.

Das Subjekt öffnet die Augen, sieht die Handbewegung, schließt die Augen wieder und erhält die Instruktion, immer tiefer in Trance zu gehen und die Entspannung zu verdoppeln.

• • • ● • ● • ● • •

Ein weiteres Compliance-Set

Der Hypnotiseur/die Hypnotiseurin hebt (nach einer Vorbereitung) die Hand des Subjekts und lässt sie wieder fallen. Die Vorbereitung lautet: Gleich werde ich... Dann wird die Hand gehoben und fallen gelassen.

Das Subjekt stimmt zu, dem Hypnotiseur nicht zu helfen, die Hand fällt also nur, wenn das Subjekt tatsächlich schon in Trance ist.

Das zweite Compliance-Set bereitet das Subjekt auf den zweiten Teil der Elman-Induktion, die mentale Entspannung, vor und trägt dazu bei, dass das Subjekt die Anweisungen zur mentalen Entspannung "mitspielt".

Nach der körperlichen Entspannung hat man in der Regel ein Subjekt in leichter Trance vor sich. Für manche Anwendungen (z.B. bei Angststörungen) reicht das aber nicht aus.

Daher gibt es noch einen zweiten Teil der Dave Elman Induktion. Das ist die mentale Entspannung, die das Subjekt in die tiefste Trance bringt.

Hierfür wird eine bestimmte Technik verwendet, die auch als "Zahlenblock" oder "Nummernblock" bezeichnet wird.

• • • • • • • • • •

Teil 2: Mentale Entspannung

Der Zahlenblock

Der Zahlenblock ist eine sehr alte Technik der Hypnnose-Induktion, die von Dave Elman verwendet wurde. Das Subjekt wird aufgefordert, Zahlen rückwärts zu zählen und sich dabei tiefer und tiefer zu entspannen.

Dabei wird es wieder und wieder ermutigt, weiterzuzählen und sich bei jeder Zahl mehr und mehr zu entspannen.

Es wird wiederholt gesagt: Du möchtest, dass es geschieht. Du willst, dass es geschieht. Und es wird geschehen.

Weitere Induktionen sind: Verbanne die Zahlen, Wisch sie weg.

Dann wird gefragt: Alle weg?

Achtung: Hier wird nicht gefragt: Sind alle Zahlen weg? Weil das die Zahlen zurückholen würde.

Das Subjekt muss bei einer Live-Induktion bestätigen, dass alles weg ist, bei einer Online-Version kann man so tun als ob eine Live-Situation vorliegt: "Alles weg? Wenn ja, nicke mit dem Kopf".

• • • ● • ● • • •

Wenn das Subjekt nicht bestätigt, kann die Hand wieder am Daumen berührt werden und der Hypnotiseur sagt: "Wenn die Hand fällt, sind alle Zahlen weg". Dann wird die Hand genommen, hochgehalten, sie fällt, Und dann bestätigt das Subjekt, dass "alles weg" ist.

Es gibt Menschen, wie Mathematiker oder andere Zahlenmenschen, die große Schwierigkeiten haben, Zahlen verschwinden zu lassen. Natürlich funktioniert der "Zahlenblock" auch mit dem Alphabet. Anstatt von 100 rückwärts zu zählen, beginnt die Versuchsperson das Alphabet von A an aufzusagen.

• • • ● • ● • • •

Es ist wichtig, ein Subjekt *niemals* überraschend zu berühren, sondern ihn immer vorher zu warnen. In einem Moment hebe ich Deine Hand und dann...

Ebenso wichtig ist, wie gesagt, dass das Subjekt mitspielt. Der Hypnotiseur ist und bleibt bei der Elman-Induktion in der Führungsposition.

Der Hypnotiseur hat alles hundertprozentig unter Kontrolle. Er sagt genau, was zu tun ist.

• • • ● ● • ● ● • • •

Das heißt wiederum: Kongruente Kommunikation ist sehr wichtig. Es funktioniert nicht, einfach lasch zu sagen: Augen auf, Augen zu. Sondern ganz entschieden und bewusst: Augen auf, Augen zu.

• • • ● ● • ● ● • • •

---

1. Katalepsie ist eine Bewegungseinschränkung, bei der die Muskulatur in einer bestimmten Position verharrt und sich nicht ohne weiteres bewegen lässt. Sie kann neurologische, psychiatrische oder suggestive Ursachen haben (z.B. Hypnose).

ELMAN INDUKTION UND POLYVAGAL-THEORIE

Um die Elman-Induktion lehr- und lernbar zu machen, habe ich sie im vorigen Kapitel mit Hilfe der erkannten Verfahren aus der Hypnose analysiert. In diesem Kapitel analysiere ich sie mit Hilfe der Polyvagaltheorie, was ihre Lehrbarkeit noch verbessert. Denn diese Analyse ermöglicht ein tieferes Verständnis der zugrunde liegenden Biologie.

Als Elman seine genialen Techniken entwickelte, steckte die heutige Stressforschung noch in den Kinderschuhen. Er konnte also die Stressforschung noch nicht in seine Arbeit mit einbeziehen. Heute können wir das.

• • • ● • ● • • •

Vergleicht man jedoch seinen Ansatz mit der von Stephen W. Porges entwickelten Polyvagaltheorie, so ergibt sich ein sehr interessantes Muster.

Ich beginne daher mit einer sehr kurzen Einführung in die Polyvagaltheorie.

• • • ● • ● • ● • • •

Die Polyvagaltheorie

Die von Stephen Porges entwickelte Polyvagaltheorie beschreibt, wie unser autonomes Nervensystem auf Stress und soziale Interaktionen reagiert, indem es sich flexibel an unterschiedliche Situationen anpasst. Sie geht über die einfache Stressreaktion hinaus und beleuchtet drei Zustände des Nervensystems, die jeweils Energie mobilisieren oder zurückhalten.

- Ventraler Vagus (soziale Bindung): Wenn wir uns sicher und wohl fühlen, wird der ventrale Vagus aktiviert. In diesem Zustand sind wir sozial und emotional verbunden, entspannt und voller Energie für positive Interaktionen - das fördert unser Wohlbefinden und unsere Erholung.

• • • ● • ● • ● • • •

- Sympathisches Nervensystem (Mobilisierung): Bei wahrgenommenen Bedrohungen oder Herausforderungen wird das sympathische Nervensystem aktiviert. Dadurch steigt unser Energieniveau und wir sind bereit und auch in der Lage, körperliche Arbeit zu leisten, hier: aktiv zu kämpfen oder zu fliehen ("fight or flight"). Dies ist eine dynamische Mobilisierung unserer Ressourcen, um auf Gefahren zu reagieren.

- Dorsaler Vagus (Immobilisierung): In extremen Bedrohungssituationen aktiviert sich der dorsale Vagusnerv und führt zu einem Zustand der Immobilisierung ("Freeze"). Statt zu Bewegung kommt es zur Erstarrung. Dabei wird die Energie stark reduziert, was uns in extremen Stresssituationen durch emotionalen oder körperlichen Rückzug schützen kann.

· · · ● · ● · · ·

Die Polyvagaltheorie beschreibt also, wie unser Körper Energie auf unterschiedliche Weise einsetzt – entweder für Mobilisierung oder für Immobilisierung. Sie zeigt auch, wie eng diese Zustände mit unserem Gefühl von Sicherheit und sozialer Verbundenheit zusammenhängen.

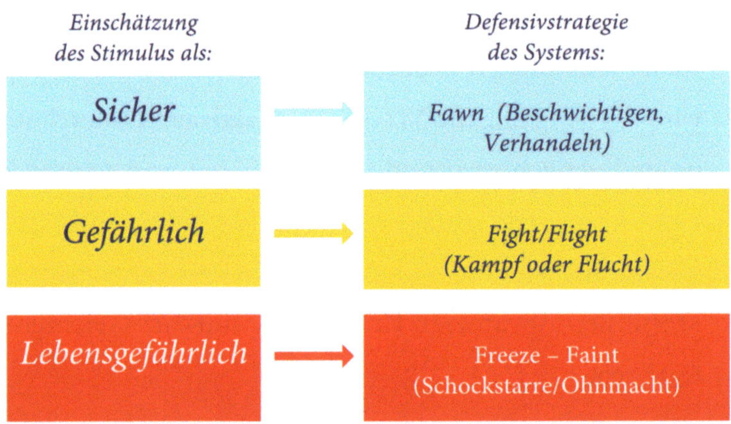

Abbildung 02: Die drei Stufen der Gefahreneinschätzung und Reaktion des ANS.

• • • ● • ● • ● • • •

Strukturen und Aufgaben des ANS

Das autonome Nervensystem hat drei wichtige Aufgaben. Diese sind:

- Automatisch ablaufende körperliche Funktionen zu ermöglichen.

• • • • ● • ● • • •

- Die klassischen Stressreaktionen Kampf (Fight), Flucht (Flight) und Schockstarre bzw. Herunterfahren (Freeze/Faint) auszulösen.

- Das soziale System bereitzustellen.

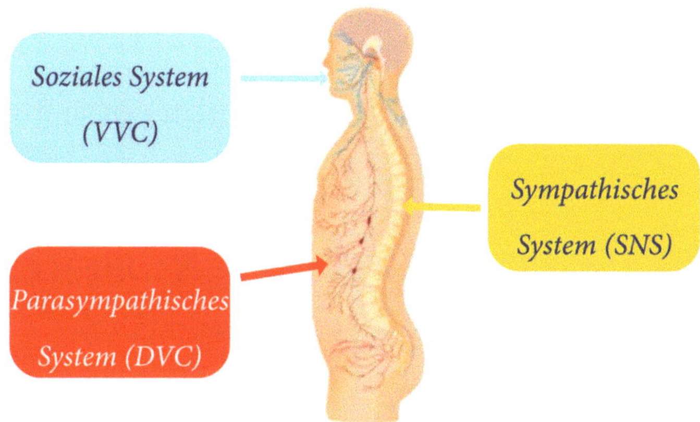

Abbildung 03: Die drei Systeme des ANS und ihre Lokalisierung im Körper.

Das ANS hat sowohl *unter Stress als auch in Ruhezeiten* bestimmte Aufgaben zu erfüllen.

Stephen W. Porges hat also drei neuronale Zirkel und zwei sogenannte Hybridzustände, zwei Mischformen, beschrieben.

Alle drei neuronalen Zirkel können sowohl für Aufgaben in "guten" Zeiten, in Zeiten ohne bedrohliche Herausforderung aktiviert werden, als auch in Zeiten von Bedrohung für Defensivstrategien rekrutiert werden.

Für alle drei Systeme gibt es Defensivstrategien und positive Möglichkeiten.

Entscheidend ist, ob der VVC (der ventrale Vagus) die Führung hat oder nicht. Mobilisierung unter der Führung des Sicherheitssystems ist Spiel, Mobilisierung ohne den regulierenden Einfluss des VVC ist Kampf oder Flucht. Mobilisierung unter dem Einfluss des VVC ist Entspannung, Meditation oder Trance, ohne den regulierenden Einfluss des VVC ist es ein bedrohlicher Freeze-Zustand.

Der positiv regulierende Einfluss des VVC wird beim Menschen vor allem durch sichere Bindungen aktiviert. Der Aufbau einer sicheren Bindung ist daher für einen gesunden Trancezustand unerlässlich.

Der dorsale Vagus (DVC) ist unter der Führung des

ventralen Vagus (VVC) aktiv.

Es handelt sich hier um Immobilisierung ohne Angst! Das ist die Voraussetzung für bewusste, angstfreie Entspannung in Gegenwart eines anderen Menschen oder eines anderen Säugetieres. Diese angstfreie Entspannung wiederum ist die Voraussetzung für echte Bindungen und als angenehm erlebte Nähe.

Abbildung 04: Sichere Bindungen werden möglich, wenn der dorsale Parasympathikus unter der Kontrolle des ventralen Parasympathikus-Systems ist - und genau dies geschieht in der Elman-Induktion.

• • • ● • ● • ● • • •

Das ANS als integriertes System

Das autonome Nervensystem wurde lange wahrgenommen als etwas, das völlig autonom, unabhängig arbeitet und nichts mit dem zu tun hat, wie wir uns fühlen, schon gar nichts mit unseren Bewusstseinszuständen.

Es wurde als eine Art Reflex gesehen, so wie es zu einer Streckung des Knies kommt, wenn der Arzt mit einem Hammer auf die Patellarsehne unterhalb der Kniescheibe klopft.

Aber das ist falsch.

Das ANS ist beim Menschen wie auch bei der Gazelle mit körperlichen Prozessen verbunden und ist mit unserer Art der Wahrnehmung und unserem Denken verknüpft.

Das ANS reagiert unmittelbar auf alle Ereignisse der Umwelt, sei diese nun eine innere oder eine äußere Umwelt.

Das bedeutet allerdings nicht, dass alle vom autonomen Nervensystem regulierten Prozesse auch der willentlichen Kontrolle zugänglich sind.

Aber das, was faktisch im ANS vor sich geht, beeinflusst unseren Bewusstseinszustand in jedem gegebenen Moment. Es beeinflusst, wie wir denken und fühlen.

Wenn wir über das autonome Nervensystem sprechen, sprechen wir nicht über ein unabhängiges, sondern über ein integriertes System.

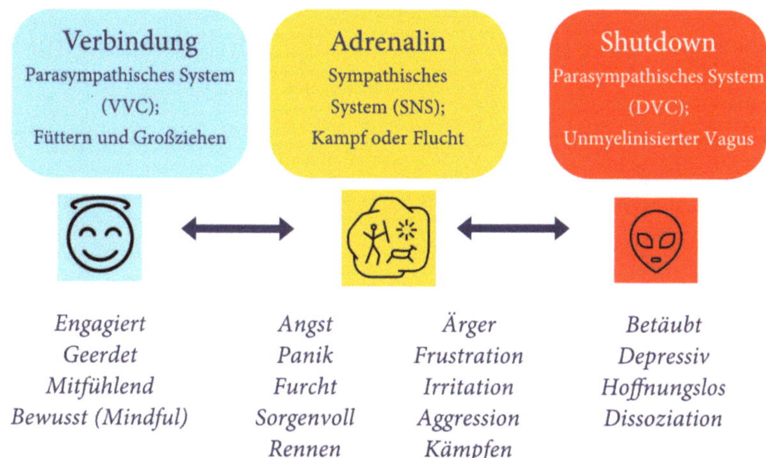

Abbildung 05: ANS-Aktivität und ausgelöste Emotionen

Polyvagaltheorie und Elman-Induktion

Die aktive Führung des Hypnotiseurs wurde in diesem Buch als wichtiges Element der Induktion betont. Bei der Elman-Induktion muss der Hypnotiseur bestimmt auftreten und dies sichert (entsprechendes Vertrauen des Subjekts vorausgesetzt) die Aktivierung des ventralen Vagus (Sicherheitssystem) im Moment der Entspannung. Das macht die Elmann-Induktion für viele Subjekte sicher und erlaubt daher tiefe Trance-Zustände.

Daher ist die strukturierte und dominante Rolle des Hypnotiseurs so wichtig – er ist es, der die notwendige sichere Bindung für die Entspannung bietet.

Beobachtet man die ART der verwendeten Strukturen (Yes-Set, Compliance-Set, Fraktionierung) genau, bemerkt man, dass in allen diesen Strukturen *mit demselben Kernprinzip gearbeitet wird.*

Zwei Prinzipien werden kombiniert: Der ständige Wechsel von Anspannung und Entspannung, eingebettet in die hypnotische Anwendung. Sie beginnt immer mit irgendeiner Form der sympathischen Aktivierung und endet mit der gewünschten Aktivierung des dorsalen Vagus (tiefe Trance).

Elman-Induktion und ANS

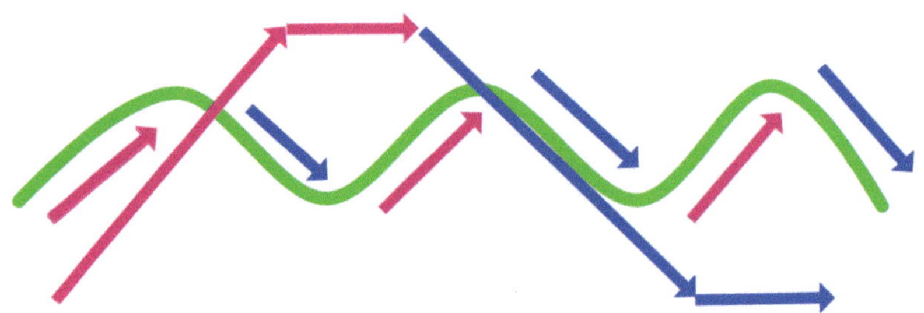

Abbildung 06: Die Elman-Induktion und die Aktivität des ANS

Diese Form der Aktivierung des Nervensystems unter sicherer Führung vertieft jedes Mal den Zugang zur Aktivierung des dorsalen Parasympathikus. Entscheidend ist, ich wiederhole es noch einmal, *dass diese Aktivierung als sicher erlebt wird,* also als Entspannung, als sehr tiefe Entspannung und nicht als bedrohlicher Erstarrungszustand (Freeze).

Dies führt zu einer Neuregulation des ANS – über das aktuelle Thema des Klienten hinaus. Es verbindet aber auch das genannte Thema des Klienten mit Entspannung und Sicherheit - was zur Neukonditionierung des ANS beiträgt.

• • • ● • ● ● • • •

Beispiel Yes-Set: Der Klient wird zunächst aufgefordert, eine sympathische Aktivität zu zeigen oder sich vorzustellen, dann eine parasympathische Aktivität. Die Elman-Induktion zeichnet sich durch einen brillanten Wechsel zwischen sympathischer Aktivität (Faust ballen, Fight-Flight-Modus) und Faust loslassen (Entspannung, Aktivierung des ventralen Vagus, Parasympathikus) aus.

• • • ● ● • ● • • •

Beispiel Compliance-Set: Das Subjekt wird aufgefordert, die Augen um die Muskeln zu entspannen. Dann sagt der Hypotiseur: *Nun, mache dies jetzt: Entspanne also jetzt die winzigen Muskeln um Deine Augen und versuche sie nur zu öffnen, wenn Du weißt, dass es unmöglich ist.*

Es handelt sich, wie gezeigt, um eine Doppelbindung. Es ist aber auch die Reihenfolge.

Sympathikusaktivität (Hypnotiseur demonstriert die Bewegung der Augenbrauen, das Subjekt beobachtet), Parasympathikusaktivität (Entspannung der eigenen Muskulatur um die Augen), Verstärkung der Parasympathikusaktivität durch Arbeit mit Sympathikus gegen Parasympathikus (Testen der Entspannung, Halten der Entspannung), dann schließlich volle Parasympathikusaktivität (Okay, hör auf mit dem Testen der Entspannung und lass eine große Welle der Entspannung von Kopf bis Fuß fließen).

• • • ● • ● • • •

Beispiel Fraktionierung: Die Augen werden geöffnet, die Hand des Hypnotiseurs streicht von unten nach oben (Sympathikusaktivität) und schließt sich wieder in Gegenwart einer Person, die in diesem Moment als sicher empfunden wird (Parasympathikusaktivität).

• • ● • ● • ● • • •

Zusammenfassung

Die Induktion nach Elman gilt nach wie vor als eine der wirksamsten Induktionen überhaupt. Meine auf der Analyse der Polyvagaltheorie basierende Hypothese ist, dass sie deshalb so effektiv ist, weil Elman die bereits bekannten hypnotischen Methoden (direktive Hypnose, Zahlenblock, Fraktionierung, Yes-Set, Compliance-Set) intuitiv mit einer der gesunden Aktivitäten des ANS, dem ständigen Wechsel zwischen sympathischer und parasympathischer Aktivität, verband.

Er erkannte auch - lange vor jeder Form der Bindungsforschung -, dass viele Menschen, um sich entspannen zu können, die Erfahrung einer sicheren Bindung brauchen, ähnlich wie ein Kind einen bestimmten, aber freundlichen Elternteil als sicher erlebt und sich dann in Gegenwart des Elternteils entspannt.

So wichtig Milton H. Erickson und sein nicht-direktiver Stil für die Entwicklung der modernen Hypnotherapie auch waren, für viele Menschen ist dieses vage Gespräch nicht sicher genug, sie entwickeln keine ausreichend stabile parasympathische Aktivität.

· · · ● · ● · ● · ● · ·

EIN ONLINE-BEISPIEL

Die ursprüngliche Elman-Induktion kann nicht für voraufgezeichnete Audios verwendet werden. Sie wurde, wie bereits erwähnt, zu einer Zeit entwickelt, als es noch keine voraufgezeichneten Audios gab.

Da die Elman-Induktion so gut ist, dass sie kaum noch verbessert werden kann, besteht die einzige Lösung, sie für Online (oder für Gruppen, was ich hier nicht diskutieren werde) zu verwenden, darin, die wichtigsten Prinzipien der Elman-Induktion herauszunehmen und sie in eine voraufgezeichnete Induktion zu integrieren.

• • • ● • ● • ● • ● • •

Bei einem voraufgezeichneten Audio muss die sichere Verbindung über die Stimme und die vermittelte Sorge um das Wohlergehen des Zuhörers hergestellt werden. Mögliche Vorschläge (die ich oft benutze) sind: Für Ruhe, Wärme, Abgeschiedenheit und Stille sorgen - mit anderen Worten: Selbstfürsorge praktizieren.

Ich werde nun eine Möglichkeit der Online-Induktion aufzeigen.

· · • • · • • • · ·

Körperliche Entspannung und Vorbereitung

Hallo und herzlich willkommen zu Deiner Hypnosesitzung.

Suche Dir einen ruhigen, bequemen Platz, an dem Du ungestört bist. Setz oder leg Dich so hin, dass Du Dich wohl fühlst und lass nach und nach alle Anspannung los.

Bist Du bereit? Gut. Ich führe Dich durch eine sehr tiefe Entspannung. Alles, was Du tun musst, ist, mir zu folgen und jede Anweisung so gut wie immer möglich umzusetzen. Du wirst merken, wie es Dir immer leichter fällt, Dich zu entspannen und der Schwere deines Körpers mehr und mehr, mit jeder Induktion noch mehr und mehr nachzugeben.

· · • • · • • • · ·

Yes-Set

Kannst Du Dir vorstellen, Deine Hand zu einer Faust zu ballen? So fest, dass es Dir unmöglich wäre, sie noch fester zu ballen.

Vielleicht sagst Du innerlich "Ja" oder nickst, das ist perfekt.

Natürlich kannst Du das. Und jetzt stell Dir das Gegenteil vor: Deine Hand wird so locker, so entspannt, dass Du sie gar nicht mehr lockern könntest, selbst wenn Du es versuchst.

Das ist gut. Diese Art der Entspannung wirst Du gleich im ganzen Körper spüren. Du kannst diese Entspannung vom Kopf bis in die Fußsohlen hineinlaufen lassen. Lasse die Entspannung jetzt durch den ganzen Körper fließen, vom Kopf bis hinunter in die Fußsohlen.

• • • ● • ● • • • •

Augen öffnen und schließen

Gleich werde ich Dich bitten, die winzigen Muskeln um Deine Augen herum so tief zu entspannen, dass Du die Augen nicht mehr öffnen kannst, solange Du diese Entspannung aufrechterhältst.

Mach es Dir bequem, schließe Deine Augen und entspanne die winzigen Muskeln um Deine Augenlider. Lass sie einfach los. Lass

Deine Augen so entspannt sein, dass Du sie nicht mehr öffnen kannst, solange Du diese Entspannung aufrechterhältst.

Sehr gut. Jetzt lassen wir die Entspannung noch tiefer gehen. In einem Moment bitte ich dich, die Augen zu öffnen und dann wieder zu schließen. Jedes Mal, wenn Du das tust, wird sich die Entspannung verdoppeln, tiefer und tiefer.

Öffne die Augen wieder und schließe sie wieder. Genau so. Verdopple die Entspannung noch einmal, als ob Du immer tiefer in eine sanfte, angenehme Ruhe sinken würdest.

Öffne die Augen und schließe sie wieder. Mit jedem Öffnen und Schließen der Augen sinkst Du tiefer und tiefer, die Entspannung breitet sich in deinem ganzen Körper aus.

• • • ● • ● • • •

Lass nun diese Entspannung wie eine Welle vom Kopf bis zu den Füßen fließen. Dein ganzer Körper wird schwer, so tief entspannt.

Diese Aufforderung kann wiederholt werden, so oft der Hypnotiseur es für nötig hält.

• • • ● • ● • • •

Geistige Entspannung - Zählen für weitere Vertiefung

Du bist jetzt körperlich tief entspannt. Aber es gibt noch eine tiefere Ebene, die Ebene der mentalen Entspannung. Ich werde Dich jetzt bitten, laut oder leise von 100 an rückwärts zu zählen. Du wirst sehen, wie eine Zahl nach der anderen verschwindet, während Du noch zählst, bis Du keine einzige Zahl mehr finden kannst und genau dann bist Du vollständig entspannt, ganz tief in Trance und es ist so sicher und angenehm, meiner Stimme zu folgen.

Fang jetzt an.

Sag "100, tiefer entspannt". Lass die Zahl verschwinden, atme aus und sage dann "99, tiefer entspannt". Und so weiter. Erlaube dir, jede Zahl wie eine Wolke wegzuschieben, bis keine Zahl mehr da ist, die Du sagen kannst. Es bleibt nur die angenehme Stille.

Nun kannst Du diese Trance genießen und die tiefe Ruhe und Gelassenheit in deinem ganzen Sein spüren. Dein Körper ist völlig entspannt, dein Geist ist leer und frei. Du kannst allen meinen Suggestionen folgen und während Du dies tust, tiefer und tiefer in Trance gehen und diese wunderbare Entspannung genießen.

ZUSAMMENFASSUNG

Die Elman-Induktion ist eine von Dave Elman entwickelte Hypnosemethode, die sich durch ihre schnelle und tiefe Wirksamkeit auszeichnet und heute vor allem in der therapeutischen Hypnose weit verbreitet ist. Dave Elman, der ursprünglich in der Unterhaltungsbranche tätig war, begann in den 1940er Jahren, seine Hypnosetechniken an medizinisches Fachpersonal weiterzugeben, da er damit schnelle Trancezustände zur Schmerzbehandlung und Angstbewältigung erzielen konnte.

• • • • • • • • • •

Elemente der Induktion

Die Elman-Induktion ist ein Beispiel für direktive Hypnose, bei der der Hypnotiseur klare Anweisungen gibt und den Klienten aktiv führt. Im Gegensatz dazu bietet die nicht-direktive Hypnose, die durch Milton H. Erickson bekannt wurde, eine sanftere Methode, bei der der Klient mehr Freiheit hat, sein Inneres zu erforschen. Beide Ansätze, direktiv und non-direktiv, haben ihre eigenen Stärken und werden je nach Ziel und Klient angepasst eingesetzt.

Die Induktion nach Dave Elman umfasst vier zentrale Techniken: das Yes-Set, die Fraktionierung, das Compliance-Set und den Zahlenblock. Das Yes-Set bringt den Klienten durch wiederholte bejahende Fragen in eine zustimmende Haltung, die ihn für spätere, komplexere Zustimmungen motiviert. Die Fraktionierung vertieft die Trance, indem der Klient wiederholt in Hypnose versetzt und wieder herausgeführt wird, was Vertrauen aufbaut und den hypnotischen Zustand intensiviert. Das Compliance-Set fördert die Kooperation durch einfache, bejahende Fragen, die den Klienten offener für tiefere hypnotische Instruktionen machen. Der Zahlenblock schließlich lenkt die Konzentration durch monotones Zählen und unterbricht Ablenkungen, was eine tiefe Entspannung und Fokussierung fördert.

•••••••••••

Ein Live-Beispiel

In diesem Beispiel einer Hypnoseinduktion führt der Hypnotiseur die Klientin "Martha" schrittweise in einen tiefen Trancezustand. Die Induktion beginnt mit einer körperlichen Entspannung durch das Yes- und Compliance-Set, bei dem Martha einfache Anweisungen bejaht und ausführt. Anschließend vertieft der Hypnotiseur die Trance durch Fraktionierung, indem er Martha mehrmals die Augen öffnen und schließen lässt, wobei sich ihre Entspannung jedes Mal intensiviert. Schließlich leitet der Hypnotiseur die mentale Entspannung ein, bei der Martha rückwärts zählt und die Zahlen nach und nach aus ihrem Gedächtnis "löscht", um die Konzentration auf die Trance zu vertiefen. Die Trance ist zeitlich begrenzt und wird am Ende aufgelöst, wodurch alle geistigen Funktionen wiederhergestellt werden.

• • • • • • • • • • •

Die Struktur der Induktion

Die Induktion nach Elman umfasst zwei Hauptbereiche: körperliche und geistige Entspannung. Sie beginnt mit der körperlichen Entspannung, die durch das Yes-Set, das Compliance-Set und die Fraktionierung erreicht wird und das Subjekt allmählich in Trance versetzt. Im zweiten Teil wird das Subjekt zur mentalen Entspannung geführt, indem er rückwärts zählt und dabei immer tiefer in Entspannungszustände eintaucht. Die Elman-Induktion ist eine stark direktive Methode, bei der der Hypnotiseur klare Anweisungen gibt, denen das Subjekt genau folgen muss, was eine intensive Kooperation erfordert. Die Beziehung zum Hypnotiseur ist entscheidend, da das Subjekt voll kooperieren muss und die Methode daher nicht für jeden geeignet ist.

• • • • ● • ● • • •

Elman-Induktion und Polyvagaltheorie

Die Analyse der Elman-Induktion mit Hilfe der Polyvagaltheorie zeigt, wie wichtig der Wechsel zwischen sympathischer und parasympathischer Aktivierung für die Wirksamkeit der Methode ist. Der strukturierte Einsatz von Yes-Set, Compliance-Set und Fraktionierung fördert eine sichere Bindung und ein anhaltendes Gefühl der Entspannung beim Klienten.

Die aktive Rolle des Hypnotiseurs stellt sicher, dass der Klient in einem Zustand tiefer Entspannung bleibt, der durch die Aktivierung des ventralen Vagus reguliert wird. Diese gezielte Führung stellt sicher, dass die Induktion nicht als bedrohlich, sondern als stabilisierend und beruhigend empfunden wird. Elmans intuitives Verständnis von sicherer Bindung und der Balance des autonomen Nervensystems könnte die tief entspannende Wirkung seiner Methode erklären.

Ein Online-Beispiel

Die Elman-Induktion in ihrer Originalfassung ist aufgrund ihrer Struktur nicht für voraufgezeichnete Audios geeignet, da sie eine direkte und sichere Verbindung zwischen Subjekt und den Hypnotiseur erfordert. Um diese Technik dennoch online anbieten zu können, wurden die wichtigsten Elemente herausgegriffen und angepasst, um Sicherheit und Entspannungstiefe zu gewährleisten.

Durch die Stimme und eine fürsorgliche Ansprache kann beim Zuhörer ein Gefühl von Sicherheit und Selbstfürsorge erzeugt werden. Ein Yes-Set, kombiniert mit körperlichen und mentalen Entspannungsmethoden wie Muskelentspannung und Rückwärtszählen, erleichtert den Eintritt in die Trance. Die modifizierte Induktion ermöglicht es, tiefe Ruhe auch ohne persönliche Interaktion mit dem Hypnotiseur zu erreichen.

Alle Bücher von Inke Jochims, finden Sie auf dieser Seite:

Die Bücher von Inke Jochims

Stöbern und kaufen Sie hier

alle Bücher von Inke Jochims!

www.jochims-buecher.de

Alle Digital-Produkte von Inke Jochims, finden Sie auf dieser Seite:

Der Shop von Inke Jochims

Stöbern und kaufen Sie alle digitalen Produkte von Inke Jochims

https://myablefy.com/

• • • • ● • ● • • •